W0395648

Charles Perrault

Les contes

Charles Perrault

Les contes

Éditions Lito

Charles Perrault

Charles Perrault (1628-1703) doit sa notoriété d'homme de lettres à son œuvre publiée en 1697 sous le titre de *Histoires* ou *Contes du temps passé* ou encore *Contes de ma mère l'Oye*.
À l'origine, les contes étaient des histoires terrifiantes issues du folklore national et racontées le soir au cours des veillées villageoises.
Perrault, sans doute avec la complicité de son fils Pierre, les retranscrit en les adaptant à la société de son temps : il édulcore les passages trop cruels ou angoissants, multiplie les clins d'œil au public mondain, émaille son récit d'un humour teinté d'ironie qui vient ainsi « dédramatiser » certaines situations.
Nous proposons dans cet ouvrage sept des contes en prose du recueil, dans leur intégralité, et en respectant le plus fidèlement possible leur version d'origine.
Chaque conte est suivi de sa moralité.
Par son style d'une émouvante simplicité et d'une irrésistible vivacité, Perrault a immortalisé ces histoires merveilleuses qui nourrissent notre imaginaire collectif et peuplent, de génération en génération, les rêves de nos enfants.

Sommaire

Le Petit Chaperon rouge

Il était une fois une petite fille de village, la plus jolie qu'on eût su voir : sa mère en était folle, et sa mère-grand plus folle encore. Cette bonne femme lui fit faire un petit chaperon rouge, qui lui seyait si bien que partout on l'appelait le Petit Chaperon rouge.

Un jour, sa mère ayant fait des galettes lui dit :

« Va voir comme se porte ta mère-grand, car on m'a dit qu'elle était malade ; porte-lui une galette et ce petit pot de beurre. »

Le Petit Chaperon rouge partit aussitôt pour aller chez sa mère-grand, qui demeurait dans un autre village. En passant dans un bois elle rencontra compère le loup, qui eut bien envie de la manger ; mais il n'osa, à cause de quelques bûcherons qui étaient dans la forêt. Il lui demanda où elle allait ; la pauvre enfant, qui ne savait pas qu'il est dangereux de s'arrêter à écouter un loup, lui dit :

« Je vais voir ma mère-grand, et lui porter une galette avec un petit pot de beurre que ma mère lui envoie.

– Demeure-t-elle bien loin ? lui dit le loup.

– Oh ! oui, dit le Petit Chaperon rouge, c'est par-delà le moulin que vous voyez tout là-bas, là-bas, à la première maison du village.

– Eh bien, dit le loup, je veux l'aller voir aussi ; je m'y en vais par ce chemin-ci, et toi par ce chemin-là, et nous verrons qui plus tôt y sera. »

Le loup se mit à courir de toute sa force par le chemin qui était le plus court, et la petite fille s'en alla par le chemin le plus long, s'amusant à cueillir des noisettes, à courir après des papillons,

et à faire des bouquets des petites fleurs qu'elle rencontrait.
Le loup ne fut pas longtemps à arriver à la maison de la mère-grand ; il heurte : toc, toc.
« Qui est là ?
– C'est votre fille, le Petit Chaperon rouge, dit le loup en contrefaisant sa voix, qui vous apporte une galette et un petit pot de beurre que ma mère vous envoie. »
La bonne mère-grand, qui était dans son lit à cause qu'elle se trouvait un peu mal, lui cria :
« Tire la chevillette, la bobinette[1] cherra. »
Le loup tira la chevillette et la porte s'ouvrit. Il se jeta sur la bonne femme, et la dévora en moins de rien ; car il y avait plus de trois jours qu'il n'avait mangé. Ensuite il ferma la porte, et s'alla coucher dans le lit de la mère-grand, en attendant le Petit Chaperon rouge qui, quelque temps après, vint heurter à la porte : toc, toc.
« Qui est là ? »
Le Petit Chaperon rouge, qui entendit la grosse voix du loup, eut peur d'abord, mais croyant que sa mère-grand était enrhumée, répondit :
« C'est votre fille, le Petit Chaperon rouge, qui vous apporte une galette et un petit pot de beurre que ma mère vous envoie. »
Le loup lui cria en adoucissant un peu sa voix :
« Tire la chevillette, la bobinette cherra. »
Le Petit Chaperon rouge tira la chevillette, et la porte s'ouvrit.
Le loup, la voyant entrer, lui dit en se cachant dans le lit sous la couverture :
« Mets la galette et le petit pot de beurre sur la huche[2], et viens te coucher avec moi. »

1 Petit verrou de bois qui fermait les portes des maisons.
2 Coffre ou petit meuble pour conserver le pain.

Le Petit Chaperon rouge se déshabille et va se mettre dans le lit, où elle fut bien étonnée de voir comment sa mère-grand était faite en son déshabillé. Elle lui dit :

« Ma mère-grand, que vous avez de grands bras !

– C'est pour mieux t'embrasser, ma fille !

– Ma mère-grand, que vous avez de grandes jambes !

– C'est pour mieux courir, mon enfant !

– Ma mère-grand, que vous avez de grandes oreilles !

– C'est pour mieux écouter, mon enfant !

– Ma mère-grand, que vous avez de grands yeux !

– C'est pour mieux voir, mon enfant !

– Ma mère-grand, que vous avez de grandes dents !

– C'est pour te manger ! »

Et, en disant ces mots, ce méchant loup se jeta sur le Petit Chaperon rouge et la mangea.

Moralité

On voit ici que de jeunes enfants,
Surtout de jeunes filles,
Belles, bien faites et gentilles,
Font très mal d'écouter toute sorte de gens,
Et que ce n'est pas chose étrange,
S'il en est tant que le loup mange.
Je dis le loup, car tous les loups
Ne sont pas de la même sorte ;
Il en est d'une humeur accorte,
Sans bruit, sans fiel et sans courroux,
Qui, privés, complaisants et doux,
Suivent les jeunes demoiselles
Jusque dans les maisons, jusque dans les ruelles ;
Mais, hélas ! qui ne sait que ces loups doucereux,
De tous les loups sont les plus dangereux ?

Cendrillon
ou La Petite Pantoufle de verre

Il était une fois un gentilhomme qui épousa en secondes noces une femme, la plus hautaine et la plus fière qu'on eût jamais vue. Elle avait deux filles de son humeur, et qui lui ressemblaient en toutes choses. Le mari avait de son côté une jeune fille, mais d'une douceur et d'une bonté sans exemple ; elle tenait cela de sa mère, qui était la meilleure personne du monde.

Les noces ne furent pas plus tôt faites que la belle-mère fit éclater sa mauvaise humeur ; elle ne put souffrir les bonnes qualités de cette jeune enfant, qui rendaient ses filles encore plus haïssables. Elle la chargea des plus viles occupations de la maison : c'était elle qui nettoyait la vaisselle et les montées[1], qui frottait la chambre de madame, et celles de mesdemoiselles ses filles. Elle couchait tout en haut de la maison, dans un grenier, sur une méchante paillasse, pendant que ses sœurs étaient dans des chambres parquetées où elles avaient des lits des plus à la mode, et des miroirs où elles se voyaient depuis les pieds jusqu'à la tête. La pauvre fille souffrait tout avec patience, et n'osait s'en plaindre à son père qui l'aurait grondée, parce que sa femme le gouvernait entièrement.

Lorsqu'elle avait fait son ouvrage, elle s'allait mettre au coin de la cheminée, et s'asseoir dans les cendres, ce qui faisait qu'on l'appelait communément dans le logis Cucendron. La cadette, qui n'était pas si malhonnête que son aînée, l'appelait Cendrillon. Cependant Cendrillon, avec ses méchants habits, ne laissait pas d'être cent fois plus belle que ses sœurs, quoique vêtues très magnifiquement.

1 Les marches des escaliers.

Il arriva que le fils du roi donna un bal, et qu'il en pria toutes les personnes de qualité. Nos deux demoiselles en furent aussi priées, car elles faisaient grande figure dans le pays. Les voilà bien aises et bien occupées à choisir les habits et les coiffures qui leur siéraient le mieux.

Nouvelle peine pour Cendrillon, car c'était elle qui repassait le linge de ses sœurs et qui godronnait[1] leurs manchettes. On ne parlait que de la manière dont on s'habillerait.

« Moi, dit l'aînée, je mettrai mon habit de velours rouge et ma garniture d'Angleterre.

– Moi, dit la cadette, je n'aurai que ma jupe ordinaire ; mais, en récompense, je mettrai mon manteau à fleurs d'or et ma barrière[2] de diamants, qui n'est pas des plus indifférentes. »

On envoya quérir la bonne coiffeuse, pour dresser les cornettes à deux rangs, et on fit acheter des mouches de la bonne faiseuse : elles appelèrent Cendrillon pour lui demander son avis, car elle avait le goût bon. Cendrillon les conseilla le mieux du monde, et s'offrit même à les coiffer, ce qu'elles voulurent bien. En les coiffant, elles lui disaient:

« Cendrillon, serais-tu bien aise d'aller au bal ?

– Hélas ! mesdemoiselles, vous vous moquez de moi ; ce n'est pas là ce qu'il me faut.

– Tu as raison, on rirait bien si on voyait un Cucendron aller au bal. »

Une autre que Cendrillon les aurait coiffées de travers ; mais elle était bonne, et elle les coiffa parfaitement bien. Elles furent transportées de joie.

On rompit plus de douze lacets à force de les serrer pour leur rendre la taille plus menue, et elles étaient toujours devant leur miroir.

1 Amidonner le linge pour lui donner de la raideur.
2 Bandeau.

Enfin l'heureux jour arriva ; on partit, et Cendrillon les suivit des yeux le plus longtemps qu'elle put. Lorsqu'elle ne les vit plus, elle se mit à pleurer. Sa marraine, qui la vit tout en pleurs, lui demanda ce qu'elle avait.

« Je voudrais bien... je voudrais bien... »

Elle pleurait si fort qu'elle ne put achever. Sa marraine, qui était fée, lui dit :

« Tu voudrais bien aller au bal, n'est-ce pas ?

– Hélas ! oui, dit Cendrillon en soupirant.

– Eh bien, seras-tu bonne fille ? dit sa marraine, je t'y ferai aller. »

Elle la mena dans sa chambre, et lui dit :

« Va dans le jardin et apporte-moi une citrouille. »

Cendrillon alla aussitôt cueillir la plus belle qu'elle put trouver, et la porta à sa marraine, ne pouvant deviner comment cette citrouille la pourrait faire aller au bal. Sa marraine la creusa et, n'ayant laissé que l'écorce, la frappa de sa baguette, et la citrouille fut aussitôt changée en un beau carrosse tout doré. Ensuite elle alla regarder dans la souricière, où elle trouva six souris toutes en vie. Elle dit à Cendrillon de lever un peu la trappe de la souricière et, à chaque souris qui sortait, elle lui donnait un coup de baguette, et la souris était aussitôt changée en un beau cheval, ce qui fit un bel attelage de six chevaux d'un beau gris de souris pommelé. Comme elle était en peine de quoi elle ferait un cocher :

« Je vais voir, dit Cendrillon, s'il n'y a point quelque rat dans la ratière, nous en ferons un cocher.

– Tu as raison, dit sa marraine, va voir. »

Cendrillon lui apporta la ratière, où il y avait trois gros rats. La fée en prit un d'entre les trois, à cause de sa maîtresse barbe, et, l'ayant touché, il fut changé en un gros cocher, qui avait les plus belles moustaches qu'on ait jamais vues. Ensuite elle lui dit :

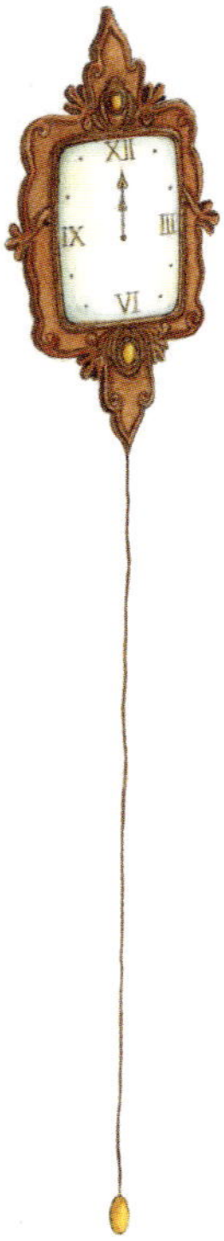

« Va dans le jardin, tu y trouveras six lézards derrière l'arrosoir, apporte-les-moi. »

Elle ne les eut pas plus tôt apportés que la marraine les changea en six laquais, qui montèrent aussitôt derrière le carrosse, avec leurs habits chamarrés, et qui s'y tenaient attachés, comme s'ils n'eussent fait autre chose toute leur vie.

La fée dit alors à Cendrillon :

« Eh bien, voilà de quoi aller au bal, n'es-tu pas bien aise ?

– Oui, mais est-ce que j'irai comme cela avec mes vilains habits ? »

Sa marraine ne fit que la toucher avec sa baguette, et en même temps ses habits furent changés en des habits de drap d'or et d'argent tout chamarrés de pierreries : elle lui donna ensuite une paire de pantoufles de verre, les plus jolies du monde. Quand elle fut ainsi parée, elle monta en carrosse ; mais sa marraine lui recommanda, sur toutes choses, de ne pas passer minuit, l'avertissant que, si elle demeurait au bal un moment davantage, son carrosse redeviendrait citrouille, ses chevaux des souris, ses laquais des lézards, et que ses vieux habits reprendraient leur première forme. Elle promit à sa marraine qu'elle ne manquerait pas de sortir du bal avant minuit. Elle partit, ne se sentant pas de joie.

Le fils du roi, qu'on alla avertir qu'il venait d'arriver une grande princesse qu'on ne connaissait point, courut la recevoir. Il lui donna la main à la descente du carrosse, et la mena dans la salle où était la compagnie. Il se fit alors un grand silence : on cessa de danser et les violons ne jouèrent plus, tant on était attentif à contempler les grandes beautés de cette inconnue. On n'entendait qu'un bruit confus :

« Ah ! qu'elle est belle ! »

Le roi même, tout vieux qu'il était, ne laissait pas de la regarder et de dire tout bas à la reine qu'il y avait longtemps qu'il n'avait

vu une si belle et si aimable personne. Toutes les dames étaient attentives à considérer sa coiffure et ses habits, pour en avoir dès le lendemain de semblables, pourvu qu'il se trouvât des étoffes assez belles, et des ouvriers assez habiles. Le fils du roi la mit à la place la plus honorable, et ensuite la prit pour la mener danser. Elle dansa avec tant de grâce qu'on l'admira encore davantage. On apporta une fort belle collation, dont le jeune prince ne mangea point, tant il était occupé à la considérer.

Elle alla s'asseoir auprès de ses sœurs, et leur fit mille honnêtetés ; elle leur fit part des oranges et des citrons que le prince lui avait donnés, ce qui les étonna fort, car elles ne la connaissaient point. Lorsqu'elles causaient ainsi, Cendrillon entendit sonner onze heures trois quarts ; elle fit aussitôt une grande révérence à la compagnie, et s'en alla le plus vite qu'elle put. Dès qu'elle fut arrivée, elle alla trouver sa marraine et, après l'avoir remerciée, elle lui dit qu'elle souhaiterait bien aller encore le lendemain au bal, parce que le fils du roi l'en avait priée. Comme elle était occupée à raconter à sa marraine tout ce qui s'était passé au bal, les deux sœurs heurtèrent à la porte ; Cendrillon leur alla ouvrir.

« Que vous êtes longtemps à revenir ! » leur dit-elle en bâillant, en se frottant les yeux, et en s'étendant comme si elle n'eût fait que de se réveiller ; elle n'avait cependant pas eu envie de dormir depuis qu'elles s'étaient quittées.

« Si tu étais venue au bal, lui dit une de ses sœurs, tu ne t'y serais pas ennuyée : il y est venu la plus belle princesse, la plus belle qu'on puisse jamais voir, elle nous a fait mille civilités, elle nous a donné des oranges et des citrons. »

Cendrillon ne se sentait pas de joie : elle leur demanda le nom de cette princesse ; mais elles lui répondirent qu'on ne la connaissait pas, que le fils du roi en était fort en peine, et qu'il donnerait

toutes choses au monde pour savoir qui elle était. Cendrillon sourit et leur dit:
« Elle était donc bien belle? Mon Dieu, que vous êtes heureuses, ne pourrais-je point la voir? Hélas! mademoiselle Javotte, prêtez-moi votre habit jaune que vous mettez tous les jours.
– Vraiment, dit mademoiselle Javotte, je suis de cet avis : prêter mon habit à un vilain Cucendron comme cela; il faudrait que je fusse bien folle. »
Cendrillon s'attendait bien à ce refus, et elle en fut bien aise, car elle aurait été grandement embarrassée si sa sœur eût bien voulu lui prêter son habit. Le lendemain les deux sœurs furent au bal, et Cendrillon aussi, mais encore plus parée que la première fois. Le fils du roi fut toujours auprès d'elle, et ne cessa de lui conter des douceurs ; la jeune demoiselle ne s'ennuyait point, et oublia ce que sa marraine lui avait recommandé, de sorte qu'elle entendit sonner le premier coup de minuit, lorsqu'elle ne croyait pas qu'il fût encore onze heures.
Elle se leva et s'enfuit aussi légèrement qu'aurait fait une biche. Le prince la suivit, mais il ne put l'attraper. Elle laissa tomber une de ses pantoufles de verre, que le prince ramassa bien soigneusement. Cendrillon arriva chez elle bien essoufflée, sans carrosse, sans laquais, et avec ses méchants habits, rien ne lui étant resté de toute sa magnificence qu'une de ses petites pantoufles, la pareille de celle qu'elle avait laissé tomber. On demanda aux gardes de la porte du palais s'ils n'avaient point vu sortir une princesse: ils dirent qu'ils n'avaient vu sortir personne, qu'une jeune fille fort mal vêtue, et qui avait plus l'air d'une paysanne que d'une demoiselle.
Quand ses deux sœurs revinrent du bal, Cendrillon leur demanda si elles s'étaient encore bien diverties,

et si la belle dame y avait été ; elles lui dirent que oui, mais qu'elle s'était enfuie lorsque minuit avait sonné, et si promptement qu'elle avait laissé tomber une de ses petites pantoufles de verre, la plus jolie du monde ; que le fils du roi l'avait ramassée, et qu'il n'avait fait que la regarder pendant tout le reste du bal, et qu'assurément il était fort amoureux de la belle personne à qui appartenait la petite pantoufle.

Elles disaient vrai, car peu de jours après le fils du roi fit publier, à son de trompe, qu'il épouserait celle dont le pied serait bien juste à la pantoufle. On commença à l'essayer aux princesses, ensuite aux duchesses, et à toute la cour, mais inutilement. On l'apporta chez les deux sœurs, qui firent tout leur possible pour faire entrer leur pied dans la pantoufle, mais elles ne purent en venir à bout. Cendrillon, qui les regardait et qui reconnut sa pantoufle, dit en riant :

« Que je voie si elle ne me serait pas bonne ! »

Ses sœurs se mirent à rire et à se moquer d'elle. Le gentilhomme qui faisait l'essai de la pantoufle, ayant regardé attentivement Cendrillon, et la trouvant fort belle, dit que cela était juste, et qu'il avait ordre de l'essayer à toutes les filles. Il fit ensuite asseoir Cendrillon, et, approchant la pantoufle de son petit pied, il vit qu'elle y entrait sans peine, et qu'elle y était juste comme de cire. L'étonnement des deux sœurs fut grand, mais plus grand encore quand Cendrillon tira de sa poche l'autre petite pantoufle qu'elle mit à son pied. Là-dessus arriva la marraine, qui, ayant donné un coup de sa baguette sur les habits de Cendrillon, les fit devenir encore plus magnifiques que tous les autres.

Alors ses deux sœurs la reconnurent pour la belle personne qu'elles avaient vue au bal. Elles se jetèrent à ses pieds pour lui demander pardon de tous les mauvais traitements qu'elles

lui avaient fait souffrir. Cendrillon les releva, et leur dit, en les embrassant, qu'elle leur pardonnait de bon cœur, et qu'elle les priait de l'aimer bien toujours. On la mena chez le jeune prince, parée comme elle était : il la trouva encore plus belle que jamais, et peu de jours après il l'épousa. Cendrillon, qui était aussi bonne que belle, fit loger ses deux sœurs au palais, et les maria, le jour même, à deux grands seigneurs de la cour.

Moralité

La beauté, pour le sexe, est un rare trésor.
De l'admirer jamais on ne se lasse ;
Mais ce qu'on nomme bonne grâce
Est sans prix, et vaut mieux encor.
C'est ce qu'à Cendrillon fit avoir sa marraine,
En la dressant, en l'instruisant,
Tant et si bien qu'elle en fit une reine ;
Car ainsi sur ce conte on va moralisant.
Belles, ce don vaut mieux que d'être bien coiffées.
Pour engager un cœur, pour en venir à bout,
La bonne grâce est le vrai don des fées ;
Sans elle on ne peut rien, avec elle on peut tout.

Autre moralité

C'est sans doute un grand avantage
D'avoir de l'esprit, du courage,
De la naissance, du bon sens,
Et d'autres semblables talents
Qu'on reçoit du ciel en partage.
Mais vous aurez beau les avoir,
Pour votre avancement ce seront choses vaines,
Si vous n'avez, pour les faire valoir,
Ou des parrains, ou des marraines.

La Barbe bleue

Il était une fois un homme qui avait de belles maisons à la ville et à la campagne, de la vaisselle d'or et d'argent, des meubles en broderie et des carrosses tout dorés. Mais, par malheur, cet homme avait la barbe bleue : cela le rendait si laid et si terrible qu'il n'était ni femme ni fille qui ne s'enfuît de devant lui.

Une de ses voisines, dame de qualité, avait deux filles parfaitement belles. Il lui en demanda une en mariage, et lui laissa le choix de celle qu'elle voudrait lui donner. Elles n'en voulaient point toutes deux, et se le renvoyaient l'une à l'autre, ne pouvant se résoudre à prendre un homme qui eût la barbe bleue. Ce qui les dégoûtait encore, c'est qu'il avait déjà épousé plusieurs femmes, et qu'on ne savait ce que ces femmes étaient devenues.

La Barbe bleue, pour faire connaissance, les mena avec leur mère, et trois ou quatre de leurs meilleures amies, et quelques jeunes gens du voisinage, à une de ses maisons de campagne, où on demeura huit jours entiers. Ce n'étaient que promenades, que parties de chasse et de pêche, que danses et festins, que collations : on ne dormait point, et on passait toute la nuit à se faire des malices les uns aux autres ; enfin tout alla si bien que la cadette commença à trouver que le maître du logis n'avait plus la barbe si bleue, et que c'était un fort honnête homme. Dès qu'on fut de retour à la ville, le mariage se conclut.

Au bout d'un mois, la Barbe bleue dit à sa femme qu'il était obligé de faire un voyage en province, de six semaines au moins, pour une affaire de conséquence ; qu'il la priait de se bien divertir pen-

dant son absence, qu'elle fît venir ses bonnes amies, qu'elle les menât à la campagne si elle voulait, que partout elle fît bonne chère.

« Voilà, lui dit-il, les clefs des deux grands garde-meubles, voilà celles de la vaisselle d'or et d'argent qui ne sert pas tous les jours, voilà celles de mes coffres-forts, où est mon or et mon argent, celles des cassettes où sont mes pierreries, et voilà le passe-partout de tous les appartements. Pour cette petite clef-ci, c'est la clef du cabinet au bout de la grande galerie de l'appartement bas. Ouvrez tout, allez partout, mais, pour ce petit cabinet, je vous défends d'y entrer, et je vous le défends de telle sorte que, s'il vous arrive de l'ouvrir, il n'y a rien que vous ne deviez attendre de ma colère. »

Elle promit d'observer exactement tout ce qui lui venait d'être ordonné ; et lui, après l'avoir embrassée, il monte dans son carrosse, et part pour son voyage.

Les voisines et les bonnes amies n'attendirent pas qu'on les envoyât quérir pour aller chez la jeune mariée, tant elles avaient d'impatience de voir toutes les richesses de sa maison, n'ayant osé y venir pendant que le mari y était, à cause de sa barbe bleue qui leur faisait peur. Les voilà aussitôt à parcourir les chambres, les cabinets, les garde-robes, toutes plus belles et plus riches les unes que les autres. Elles montèrent ensuite aux garde-meubles, où elles ne pouvaient assez admirer le nombre et la beauté des tapisseries, des lits, des sofas, des cabinets, des guéridons, des tables et des miroirs, où l'on se voyait depuis les pieds jusqu'à la tête et dont les bordures, les unes de glace, les autres d'argent et de vermeil doré, étaient les plus belles et les plus magnifiques qu'on eût jamais vues.

Elles ne cessaient d'exagérer et d'envier le bonheur de leur amie, qui cependant ne se divertissait point à voir toutes ces richesses, à cause de l'impatience qu'elle avait d'aller ouvrir le cabinet de l'appartement bas. Elle fut si pressée de sa curiosité que, sans considérer qu'il était malhonnête de quitter sa compagnie, elle y descendit par un petit escalier dérobé, et avec tant de précipitation qu'elle pensa se rompre le cou deux ou trois fois. Étant arrivée à la porte du cabinet, elle s'y arrêta quelque temps, songeant à la défense que son mari lui avait faite, et considérant qu'il pourrait lui arriver malheur d'avoir été désobéissante ; mais la tentation était si forte qu'elle ne put la surmonter : elle prit donc la petite clef, et ouvrit en tremblant la porte du cabinet.

D'abord elle ne vit rien, parce que les fenêtres étaient fermées ; après quelques moments, elle commença à voir que le plancher était tout couvert de sang caillé, et que dans ce sang se miraient les corps de plusieurs femmes mortes et attachées le long des murs : c'étaient toutes les femmes que la Barbe bleue avait épousées et qu'il avait égorgées l'une après l'autre. Elle pensa mourir de peur, et la clef du cabinet, qu'elle venait de retirer de la serrure, lui tomba de la main.

Après avoir un peu repris ses sens, elle ramassa la clef, referma la porte, et monta à sa chambre pour se remettre un peu ; mais elle n'en pouvait venir à bout, tant elle était émue. Ayant remarqué que la clef du cabinet était tachée de sang, elle l'essuya deux ou trois fois, mais le sang ne s'en allait point ; elle eut beau la laver et même la frotter avec du sable et avec du grès, il y demeura toujours du sang, car la clef était fée, et il n'y avait pas moyen de la nettoyer tout à fait : quand on ôtait le sang d'un côté, il revenait de l'autre...

La Barbe bleue revint de son voyage dès le soir même, et dit qu'il avait reçu des lettres en chemin, qui lui avaient appris que l'affaire

pour laquelle il était parti venait d'être terminée à son avantage. Sa femme fit tout ce qu'elle put pour lui témoigner qu'elle était ravie de son prompt retour. Le lendemain, il lui redemanda les clefs, et elle les lui donna, mais d'une main si tremblante qu'il devina sans peine tout ce qui s'était passé.

« D'où vient, lui dit-il, que la clef du cabinet n'est point avec les autres ?

– Il faut, dit-elle, que je l'aie laissée là-haut sur ma table.

– Ne manquez pas, dit la Barbe bleue, de me la donner tantôt. »

Après plusieurs remises, il fallut apporter la clef. La Barbe bleue, l'ayant considérée, dit à sa femme :

« Pourquoi y a-t-il du sang sur cette clef ?

– Je n'en sais rien, répondit la pauvre femme, plus pâle que la mort.

– Vous n'en savez rien, reprit la Barbe bleue, je le sais bien, moi ; vous avez voulu entrer dans le cabinet ! Eh bien, madame, vous y entrerez, et irez prendre votre place auprès des dames que vous y avez vues. »

Elle se jeta aux pieds de son mari, en pleurant et en lui demandant pardon, avec toutes les marques d'un vrai repentir de n'avoir pas été obéissante. Elle aurait attendri un rocher, belle et affligée comme elle était ; mais la Barbe bleue avait le cœur plus dur qu'un rocher.

« Il faut mourir, madame, lui dit-il, et tout à l'heure.

– Puisqu'il faut mourir, répondit-elle, en le regardant les yeux baignés de larmes, donnez-moi un peu de temps pour prier Dieu.

– Je vous donne un quart d'heure, reprit la Barbe bleue, mais pas un moment davantage. »

Lorsqu'elle fut seule, elle appela sa sœur, et lui dit :

« Ma sœur Anne (car elle s'appelait ainsi), monte, je te prie, sur

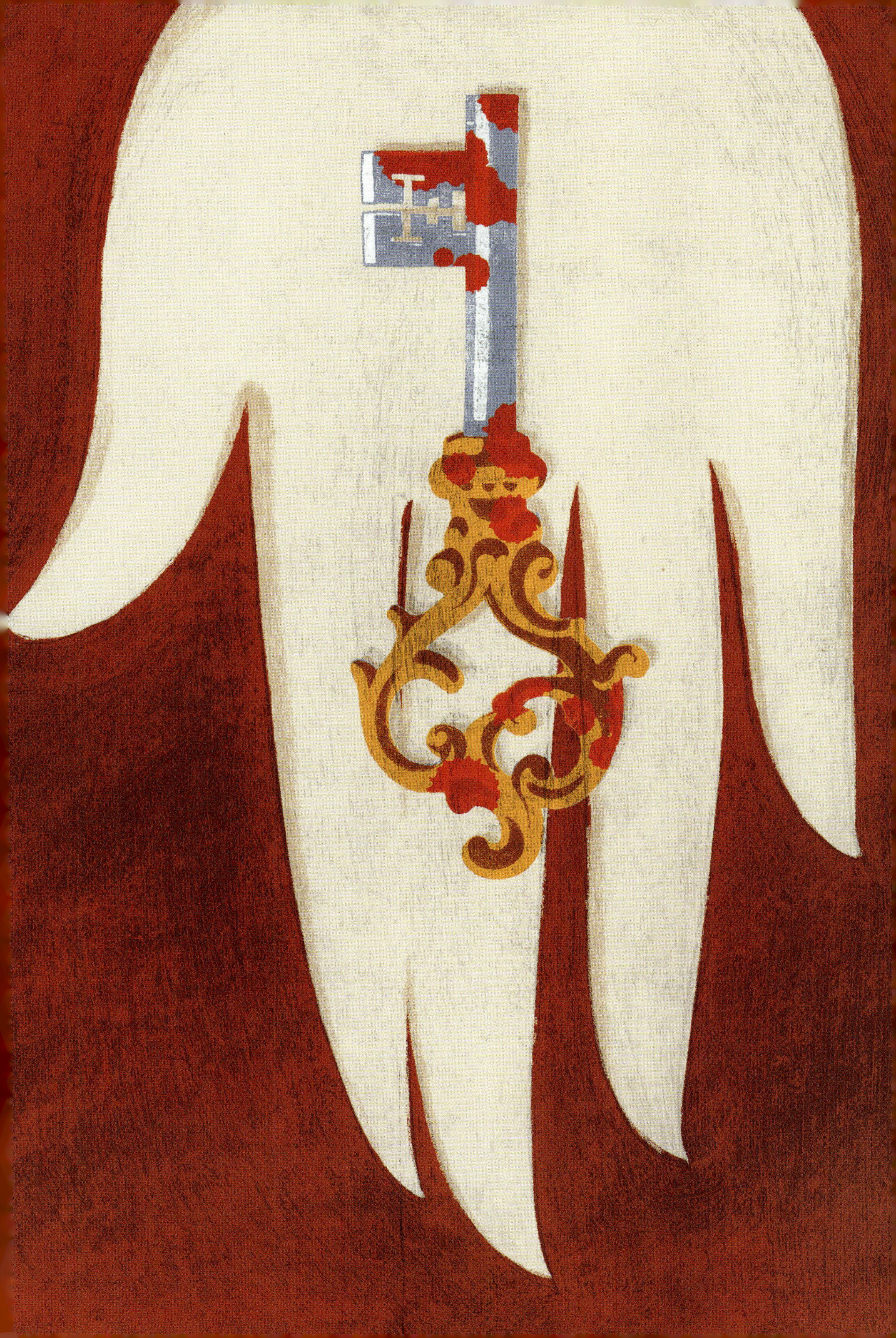

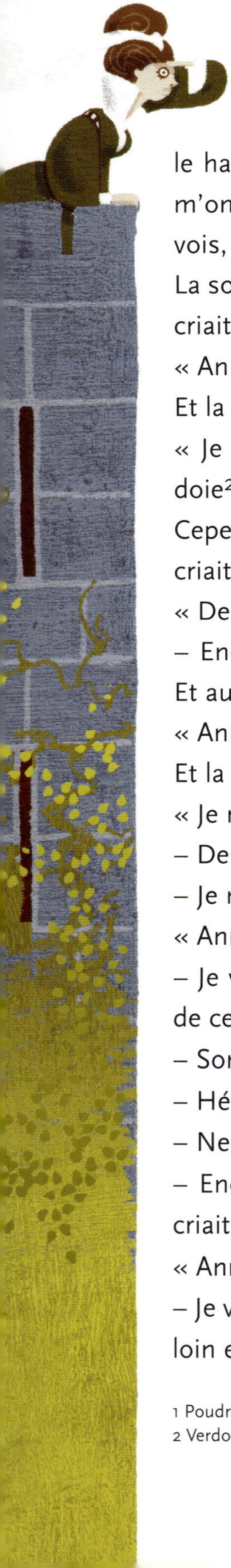

le haut de la tour pour voir si mes frères ne viennent point ; ils m'ont promis qu'ils me viendraient voir aujourd'hui, et, si tu les vois, fais-leur signe de se hâter. »

La sœur Anne monta sur le haut de la tour, et la pauvre affligée lui criait de temps en temps :

« Anne, ma sœur Anne, ne vois-tu rien venir ? »

Et la sœur Anne lui répondait :

« Je ne vois rien que le soleil qui poudroie[1], et l'herbe qui verdoie[2]. »

Cependant la Barbe bleue, tenant un grand coutelas à sa main, criait de toute sa force à sa femme :

« Descends vite ou je monterai là-haut !

– Encore un moment, s'il vous plaît », lui répondait sa femme. Et aussitôt elle criait tout bas :

« Anne, ma sœur Anne, ne vois-tu rien venir ? »

Et la sœur Anne répondait :

« Je ne vois rien que le soleil qui poudroie, et l'herbe qui verdoie.

– Descends donc vite, cria la Barbe bleue, ou je monterai là-haut !

– Je m'en vais », répondait sa femme. Et puis elle criait :

« Anne, ma sœur Anne, ne vois-tu rien venir ?

– Je vois, répondit la sœur Anne, une grosse poussière qui vient de ce côté-ci...

– Sont-ce mes frères ?

– Hélas ! non, ma sœur, c'est un troupeau de moutons...

– Ne veux-tu pas descendre ? criait la Barbe bleue.

– Encore un petit moment ! » répondait sa femme. Et puis elle criait :

« Anne, ma sœur Anne, ne vois-tu rien venir ?

– Je vois deux cavaliers qui viennent de ce côté ; mais ils sont bien loin encore...

1 Poudroyer : darder, éblouir.
2 Verdoyer : jeter un éclair vert.

– Dieu soit loué ! s'écria-t-elle un moment après, ce sont mes frères. Je leur fais signe tant que je puis de se hâter. »
La Barbe bleue se mit à crier si fort que toute la maison en trembla. La pauvre femme descendit, et alla se jeter à ses pieds tout éplorée et tout échevelée.
« Cela ne sert de rien, dit la Barbe bleue, il faut mourir ! »
Puis, la prenant d'une main par les cheveux, et de l'autre levant le coutelas en l'air, il allait lui abattre la tête. La pauvre femme, se tournant vers lui, et le regardant avec des yeux mourants, le pria de lui donner un petit moment pour se recueillir.
« Non, non, dit-il, recommande-toi bien à Dieu... »
Et, levant son bras...
Dans ce moment, on heurta si fort à la porte que la Barbe bleue s'arrêta tout court. On ouvrit, et aussitôt on vit entrer deux cavaliers, qui, mettant l'épée à la main, coururent droit à la Barbe bleue... Il reconnut que c'étaient les frères de sa femme, l'un dragon et l'autre mousquetaire, de sorte qu'il s'enfuit aussitôt pour se sauver ; mais les deux frères le poursuivirent de si près qu'ils l'attrapèrent avant qu'il pût gagner le perron. Ils lui passèrent leur épée au travers du corps, et le laissèrent mort. La pauvre femme était presque aussi morte que son mari, et n'avait pas la force de se lever pour embrasser ses frères. Il se trouva que la Barbe bleue n'avait point d'héritier, et qu'ainsi sa femme demeura maîtresse de tous ses biens. Elle en employa une partie à marier sa jeune sœur Anne avec un jeune gentilhomme dont elle était aimée depuis longtemps ; une autre partie à acheter des charges de capitaine à ses deux frères ; et le reste à se marier elle-même à un fort honnête homme, qui lui fit oublier le mauvais temps qu'elle avait passé avec la Barbe bleue.

Moralité

La curiosité, malgré tout ses attraits,
Coûte souvent bien des regrets ;
On en voit tous les jours mille exemples paraître.
C'est, n'en déplaise au sexe, un plaisir bien léger ;
Dès qu'on le prend, il cesse d'être,
Et toujours il coûte trop cher.

Autre moralité

Pour peu qu'on ait l'esprit sensé,
Et que du monde on sache le grimoire,
On voit bientôt que cette histoire
Est un conte du temps passé.
Il n'est plus d'époux si terrible,
Ni qui demande l'impossible :
Fût-il mal content et jaloux,
Près de sa femme on le voit filer doux ;
Et de quelque couleur que sa barbe puisse être,
On a peine à juger qui des deux est le maître.

Le Chat botté

Un meunier ne laissa pour tout bien, à trois enfants qu'il avait, que son moulin, son âne et son chat. Les partages furent bientôt faits, ni le notaire ni le procureur n'y furent point appelés. Ils auraient eu bientôt mangé tout le pauvre patrimoine. L'aîné eut le moulin, le second eut l'âne, et le plus jeune n'eut que le chat. Ce dernier ne pouvait se consoler d'avoir un si pauvre lot :
« Mes frères, disait-il, pourront gagner leur vie honnêtement en se mettant ensemble ; pour moi, lorsque j'aurai mangé mon chat, et que je me serai fait un manchon de sa peau, il faudra que je meure de faim. »
Le Chat, qui entendait ce discours, mais qui n'en fit pas semblant, lui dit d'un air posé et sérieux :
« Ne vous affligez point, mon maître, vous n'avez qu'à me donner un sac, et me faire faire une paire de bottes pour aller dans les broussailles, et vous verrez que vous n'êtes pas si mal partagé que vous croyez. »
Quoique le maître du Chat ne fît pas grand fond là-dessus, il lui avait vu faire tant de tours de souplesse pour prendre des rats et des souris, comme quand il se pendait par les pieds ou qu'il se cachait dans la farine pour faire le mort, qu'il ne désespéra pas d'en être secouru dans sa misère.
Lorsque le Chat eut ce qu'il avait demandé, il se botta bravement et, mettant son sac à son cou, il en prit les cordons avec ses deux pattes de devant, et s'en alla dans une garenne où il y avait grand nombre de lapins. Il mit du son et des lasserons[1] dans son sac

1 Plante laiteuse qu'on donne aux lapins dans les campagnes.

et, s'étendant comme s'il eût été mort, il attendit que quelque jeune lapin, peu instruit encore des ruses de ce monde, vînt se fourrer dans son sac pour manger ce qu'il y avait mis.

À peine fut-il couché qu'il eut contentement ; un jeune étourdi de lapin entra dans son sac, et le maître Chat, tirant aussitôt les cordons, le prit et le tua sans miséricorde. Tout glorieux de sa proie, il s'en alla chez le roi et demanda à lui parler. On le fit monter à l'appartement de Sa Majesté, où, étant entré, il fit une grande révérence au roi, et lui dit :

« Voilà, sire, un lapin de garenne que monsieur le marquis de Carabas (c'était le nom qu'il lui prit en gré de donner à son maître) m'a chargé de vous présenter de sa part.

– Dis à ton maître répondit le roi, que je le remercie, et qu'il me fait plaisir. »

Une autre fois, il alla se cacher dans un blé, tenant toujours son sac ouvert ; et lorsque deux perdrix y furent entrées, il tira les cordons, et les prit toutes deux. Il alla ensuite les présenter au roi, comme il avait fait le lapin de garenne. Le roi reçut encore avec plaisir les deux perdrix, et lui fit donner pour boire. Le Chat continua ainsi pendant deux ou trois mois à porter de temps en temps au roi du gibier de la chasse de son maître. Un jour qu'il sut que le roi devait aller à la promenade sur le bord de la rivière avec sa fille, la plus belle princesse du monde, il dit à son maître : « Si vous voulez suivre mon conseil, votre fortune est faite : vous n'avez qu'à vous baigner dans la rivière à l'endroit que je vous montrerai, et ensuite me laisser faire. »

Le marquis de Carabas fit ce que son Chat lui conseillait, sans savoir à quoi cela serait bon. Dans le temps qu'il se baignait, le roi vint à passer et le Chat se mit à crier de toute sa force :

« Au secours, au secours, voilà monsieur le marquis de Carabas qui se noie ! »

À ce cri, le roi mit la tête à la portière et, reconnaissant le Chat qui lui avait apporté tant de fois du gibier, il ordonna à ses gardes qu'on allât vite au secours de monsieur le marquis de Carabas. Pendant qu'on retirait le pauvre marquis de la rivière, le Chat s'approcha du carrosse, et dit au roi que, dans le temps que son maître se baignait, il était venu des voleurs qui avaient emporté ses habits, quoiqu'il eût crié « Au voleur ! » de toute sa force ; le drôle les avait cachés sous une grosse pierre.

Le roi ordonna aussitôt aux officiers de sa garde-robe d'aller quérir un de ses plus beaux habits pour monsieur le marquis de Carabas.

Le roi lui fit mille caresses, et, comme les beaux habits qu'on venait de lui donner relevaient sa bonne mine (car il était beau, et bien fait de sa personne), la fille du roi le trouva fort à son gré et le marquis de Carabas ne lui eut pas jeté deux ou trois regards fort respectueux, et un peu tendres, qu'elle en devint amoureuse à la folie. Le roi voulut qu'il montât dans son carrosse, et qu'il fût de la promenade. Le Chat, ravi de voir que son dessein commençait à réussir, prit les devants, et, ayant rencontré des paysans qui fauchaient un pré, il leur dit :

« Bonnes gens qui fauchez, si vous ne dites au roi que le pré que vous fauchez appartient à monsieur le marquis de Carabas, vous serez tous hachés menu comme chair à pâté. »

Le roi ne manqua pas à demander aux faucheux à qui était ce pré qu'ils fauchaient.

« C'est à monsieur le marquis de Carabas », dirent-ils tous ensemble, car la menace du Chat leur avait fait peur.

« Vous avez là un bel héritage, dit le roi au marquis de Carabas.

– Vous voyez, sire, répondit le marquis, c'est un pré qui ne manque point de rapporter abondamment toutes les années. »

Le maître Chat, qui allait toujours devant, rencontra des moissonneurs, et leur dit :

« Bonnes gens qui moissonnez, si vous ne dites que tous ces blés appartiennent à monsieur le marquis de Carabas, vous serez tous hachés menu comme chair à pâté. »

Le roi, qui passa un moment après, voulut savoir à qui appartenaient tous les blés qu'il voyait.

« C'est à monsieur le marquis de Carabas », répondirent les moissonneurs, et le roi s'en réjouit encore avec le marquis.

Le Chat, qui allait devant le carrosse, disait toujours la même chose à tous ceux qu'il rencontrait ; et le roi était étonné des grands biens de monsieur le marquis de Carabas. Le maître Chat arriva enfin dans un beau château dont le maître était un ogre, le plus riche qu'on ait jamais vu, car toutes les terres par où le roi avait passé étaient de la dépendance de ce château. Le Chat, qui eut soin de s'informer qui était cet ogre, et ce qu'il savait faire, demanda à lui parler, disant qu'il n'avait pas voulu passer si près de son château sans avoir l'honneur de lui faire la révérence.
L'ogre le reçut aussi civilement que le peut un ogre, et le fit reposer.
« On m'a assuré, dit le Chat, que vous aviez le don de vous changer en toutes sortes d'animaux, que vous pouviez, par exemple, vous transformer en lion, en éléphant ?
– Cela est vrai, répondit l'ogre brusquement, et, pour vous le montrer, vous m'allez voir devenir lion. »
Le Chat fut si effrayé de voir un lion devant lui qu'il gagna aussitôt les gouttières, non sans peine et sans péril, à cause de ses bottes qui ne valaient rien pour marcher sur les tuiles. Quelque temps après, le Chat, ayant vu que l'ogre avait quitté sa première forme, descendit, et avoua qu'il avait eu bien peur.
« On m'a assuré encore, dit le Chat, mais je ne saurais le croire, que vous aviez aussi le pouvoir de prendre la forme des plus petits animaux, par exemple, de vous changer en un rat, en une souris ; je vous avoue que je tiens cela tout à fait impossible.
– Impossible ? reprit l'ogre, vous allez voir. »
Et en même temps il se changea en une souris, qui se mit à courir sur le plancher. Le Chat ne l'eut pas plus tôt aperçue qu'il se jeta dessus, et la mangea.

Cependant le roi, qui vit en passant le beau château de l'ogre, voulut entrer dedans. Le Chat, qui entendit le bruit du carrosse qui passait sur le pont-levis, courut au-devant, et dit au roi :

« Votre Majesté soit la bienvenue dans ce château de monsieur le marquis de Carabas.

– Comment, monsieur le marquis, s'écria le roi, ce château est encore à vous ! Il ne se peut rien de plus beau que cette cour et que tous ces bâtiments qui l'environnent ; voyons les dedans, s'il vous plaît. »

Le marquis donna la main à la jeune princesse, et, suivant le roi qui montait le premier, ils entrèrent dans une grande salle où ils trouvèrent une magnifique collation que l'ogre avait fait préparer pour ses amis qui le devaient venir voir ce même jour-là, mais qui n'avaient pas osé entrer sachant que le roi y était. Le roi, charmé des bonnes qualités de monsieur le marquis de Carabas, de même que sa fille qui en était folle, et voyant les grands biens qu'il possédait, lui dit, après avoir bu cinq ou six coups :

« Il ne tiendra qu'à vous, monsieur le marquis, que vous ne soyez mon gendre. »

Le marquis, faisant de grandes révérences, accepta l'honneur que lui faisait le roi ; et dès le même jour il épousa la princesse.

Le Chat devint grand seigneur et ne courut plus après les souris que pour se divertir.

Moralité

Quelque grand que soit l'avantage
De jouir d'un riche héritage
Venant à nous de père en fils,
Aux jeunes gens pour l'ordinaire,
L'industrie et le savoir-faire
Valent mieux que des biens acquis.

Autre moralité

Si le fils d'un meunier, avec tant de vitesse,
Gagne le cœur d'une princesse,
Et s'en fait regarder avec des yeux mourants,
C'est que l'habit, la mine et la jeunesse,
Pour inspirer de la tendresse,
N'en sont pas des moyens toujours indifférents.

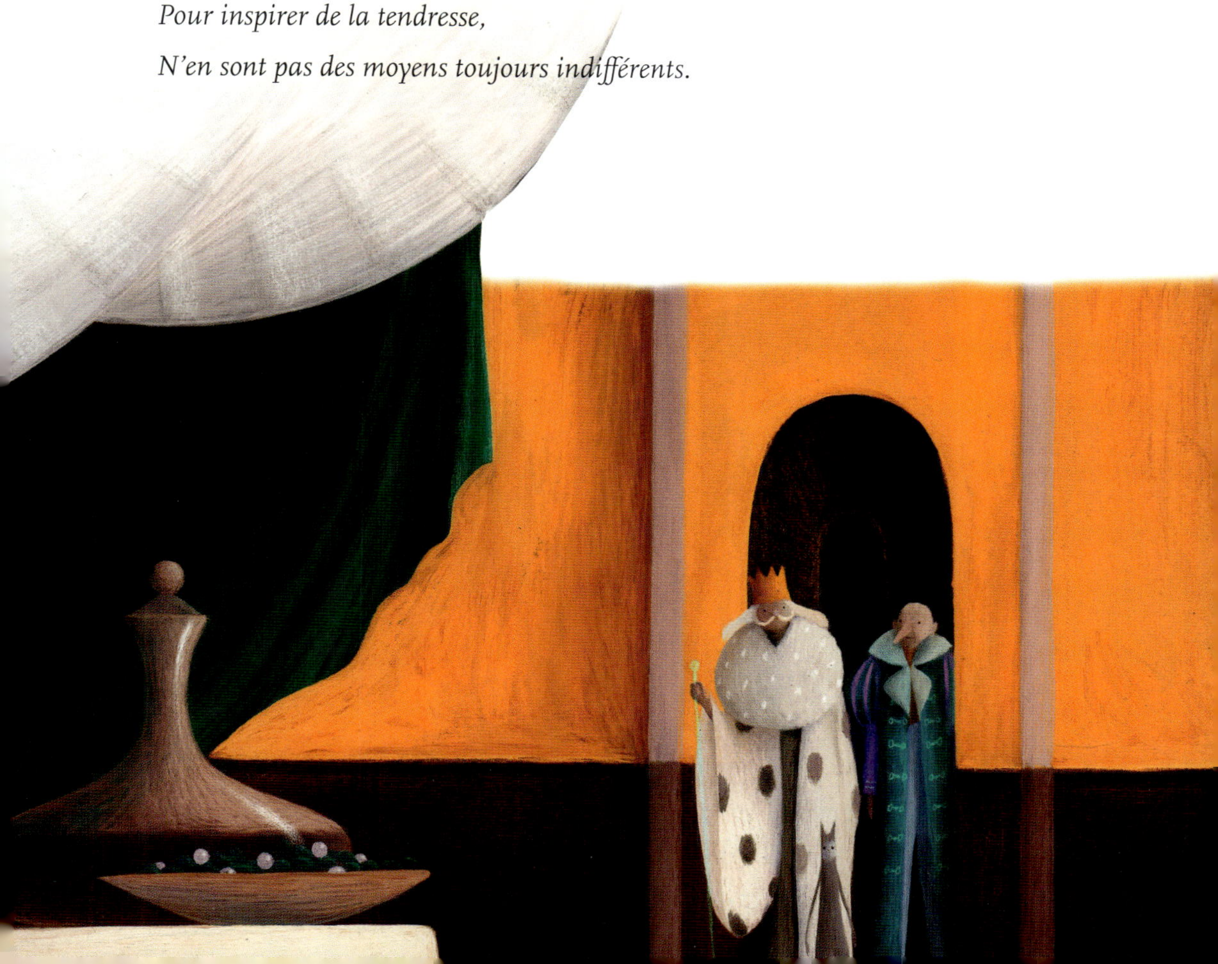

La Belle au bois dormant

Il y avait une fois un roi et une reine qui étaient si fâchés de n'avoir point d'enfant, si fâchés qu'on ne saurait dire. Ils allèrent à toutes les eaux du monde : vœux, pèlerinages, menues dévotions, tout fut mis en œuvre, et rien n'y faisait. Enfin, pourtant, la reine devint grosse et accoucha d'une fille. On fit un beau baptême ; on donna pour marraines à la petite princesse toutes les fées qu'on put trouver dans le pays (il s'en trouva sept), afin que chacune d'elles lui faisant un don, comme c'était la coutume des fées en ce temps-là, la princesse eût, par ce moyen, toutes les perfections imaginables. Après les cérémonies du baptême, toute la compagnie revint au palais du roi, où il y avait un grand festin pour les fées. On mit devant chacune d'elles un couvert magnifique, avec un étui d'or massif, où il y avait une cuiller, une fourchette, et un couteau de fin or garni de diamants et de rubis. Mais comme chacun prenait sa place à table, on vit entrer une vieille fée qu'on n'avait point priée parce qu'il y avait plus de cinquante ans qu'elle n'était sortie d'une tour et qu'on la croyait morte ou enchantée.

Le roi lui fit donner un couvert, mais il n'y eut pas moyen de lui donner un étui d'or massif, comme aux autres, parce que l'on n'en avait fait faire que sept pour les sept fées. La vieille crut qu'on la méprisait, et grommela quelques menaces entre ses dents. Une des jeunes fées qui se trouva auprès d'elle l'entendit et, jugeant qu'elle pourrait donner quelque fâcheux don à la petite princesse, alla, dès qu'on fut sorti de table, se cacher derrière la tapisserie, afin de parler la dernière, et de pouvoir réparer autant qu'il lui

serait possible le mal que la vieille aurait fait.
Cependant les fées commencèrent à faire leurs dons à la princesse. La plus jeune donna pour don qu'elle serait la plus belle personne du monde ; celle d'après, qu'elle aurait de l'esprit comme un ange ; la troisième, qu'elle aurait une grâce admirable à tout ce qu'elle ferait ; la quatrième, qu'elle danserait parfaitement bien ; la cinquième, qu'elle chanterait comme un rossignol ; et la sixième, qu'elle jouerait de toutes sortes d'instruments à la perfection. Le rang de la vieille fée étant venu, elle dit, en branlant la tête encore plus de dépit que de vieillesse, que la princesse se percerait la main d'un fuseau, et qu'elle en mourrait. Ce terrible don fit frémir toute la compagnie, et il n'y eut personne qui ne pleurât.
Dans ce moment, la jeune fée sortit de derrière la tapisserie, et dit tout haut ces paroles :
« Rassurez-vous, roi et reine, votre fille n'en mourra pas ; il est vrai que je n'ai pas assez de puissance pour défaire entièrement ce que mon ancienne a fait. La princesse se percera la main d'un fuseau ; mais, au lieu d'en mourir, elle tombera seulement dans un profond sommeil qui durera cent ans, au bout desquels le fils d'un roi viendra la réveiller. »
Le roi, pour tâcher d'éviter le malheur annoncé par la vieille, fit publier aussitôt un édit par lequel il défendait à toutes personnes de filer au fuseau, ni d'avoir des fuseaux chez soi, sous peine de perdre la vie. Au bout de quinze ou seize ans, le roi et la reine étant allés à une de leurs maisons de plaisance, il arriva que la jeune princesse courant un jour dans le château, et montant de chambre en chambre, alla jusqu'au haut d'un donjon dans un petit galetas[1], où une bonne vieille était seule à filer sa quenouille[2]. Cette bonne femme n'avait point entendu parler des défenses que le roi avait faites de filer au fuseau.

1 Réduit misérable, souvent sous les combles d'une demeure.
2 Tige en bois ou en osier, munie d'une tête renflée ou fourchue, utilisée autrefois pour maintenir le textile à filer.

« Que faites-vous là, ma bonne femme ? dit la princesse.
– Je file, ma belle enfant, lui répondit la vieille qui ne la connaissait pas.
– Ah ! que cela est joli, reprit la princesse, comment faites-vous ? Donnez-moi que je voie si j'en ferais bien autant. »
Elle n'eut pas plus tôt pris le fuseau que, comme elle était fort vive, un peu étourdie, et que d'ailleurs l'arrêt des fées l'ordonnait ainsi, elle s'en perça la main, et tomba évanouie. La bonne vieille, bien embarrassée, crie au secours : on vient de tous côtés, on jette de l'eau au visage de la princesse, on la délace, on lui frappe dans les mains, on lui frotte les tempes avec de l'eau de la reine de Hongrie ; mais rien ne la faisait revenir. Alors le roi, qui était monté au bruit, se souvint de la prédiction des fées, et, jugeant bien qu'il fallait que cela arrivât, puisque les fées l'avaient dit, fit mettre la princesse dans le plus bel appartement du palais, sur un lit en broderie d'or et d'argent. On eût dit un ange, tant elle était belle ; car son évanouissement n'avait pas ôté les couleurs vives de son teint : ses joues étaient incarnates, et ses lèvres comme du corail ; elle avait seulement les yeux fermés, mais on l'entendait respirer doucement, ce qui faisait voir qu'elle n'était pas morte.
Le roi ordonna qu'on la laissât dormir en repos, jusqu'à ce que son heure de se réveiller fût venue. La bonne fée qui lui avait sauvé la vie en la condamnant à dormir cent ans était dans le royaume de Mataquin, à douze mille lieues de là, lorsque l'accident arriva à la princesse ; mais elle en fut avertie en un instant par un petit nain qui avait des bottes de sept lieues (c'étaient des bottes avec lesquelles on faisait sept lieues d'une seule enjambée).
La fée partit aussitôt, et on la vit au bout d'une heure arriver dans un chariot tout de feu, traîné par des dragons.

Le roi lui alla présenter la main à la descente du chariot. Elle approuva tout ce qu'il avait fait ; mais, comme elle était grandement prévoyante, elle pensa que, quand la princesse viendrait à se réveiller, elle serait bien embarrassée toute seule dans ce grand château. Voici ce qu'elle fit : elle toucha de sa baguette tout ce qui était dans le château (hors le roi et la reine), gouvernantes, filles d'honneur, femmes de chambre, gentilshommes, officiers, maîtres d'hôtel, cuisiniers, marmitons, galopins, gardes, suisses, pages, valets de pied ; elle toucha aussi tous les chevaux qui étaient dans les écuries, avec les palefreniers, les gros mâtins de basse-cour et la petite Pouffle, petite chienne de la princesse, qui était auprès d'elle sur son lit. Dès qu'elle les eut touchés, ils s'endormirent tous, pour ne se réveiller qu'en même temps que leur maîtresse, afin d'être tout prêts à la servir quand elle en aurait besoin ; les broches mêmes qui étaient au feu toutes pleines de perdrix et de faisans s'endormirent, et le feu aussi. Tout cela se fit en un moment ; les fées n'étaient pas longues à leur besogne.

Alors le roi et la reine, après avoir embrassé leur chère enfant sans qu'elle s'éveillât, sortirent du château, et firent publier des défenses à qui que ce soit d'en approcher. Ces défenses n'étaient pas nécessaires, car il crût dans un quart d'heure tout autour du parc une si grande quantité de grands arbres et de petits, de ronces et d'épines entrelacées les unes dans les autres, que bête ni homme n'y aurait pu passer ; en sorte qu'on ne voyait plus que le haut des tours du château, encore n'était-ce que de bien loin. On ne douta point que la fée n'eût encore fait là un tour de son métier, afin que la princesse, pendant qu'elle dormirait, n'eût rien à craindre des curieux.

Au bout de cent ans, le fils du roi qui régnait alors, et qui était d'une autre famille que la princesse endormie, étant allé à la

chasse de ce côté-là, demanda ce que c'étaient que ces tours qu'il voyait au-dessus d'un grand bois fort épais ; chacun lui répondit selon qu'il en avait ouï parler. Les uns disaient que c'était un vieux château où il revenait des esprits ; les autres que tous les sorciers de la contrée y faisaient leur sabbat. La plus commune opinion était qu'un ogre y demeurait, et que là il emportait tous les enfants qu'il pouvait attraper, pour les pouvoir manger à son aise, et sans qu'on le pût suivre, ayant seul le pouvoir de se faire un passage au travers du bois.

Le prince ne savait qu'en croire, lorsqu'un vieux paysan prit la parole, et lui dit :

« Mon prince, il y a plus de cinquante ans que j'ai entendu dire de mon père qu'il y avait dans ce château une princesse, la plus belle du monde ; qu'elle y devait dormir cent ans, et qu'elle serait réveillée par le fils d'un roi, à qui elle était réservée. »

Le jeune prince, à ce discours, se sentit tout de feu ; il crut, sans hésiter, qu'il mettrait fin à une si belle aventure ; et, poussé par l'amour et par la gloire, il résolut de voir sur-le-champ ce qui en était. À peine s'avança-t-il vers le bois que tous ces grands arbres, ces ronces et ces épines s'écartèrent d'eux-mêmes pour le laisser passer : il marcha vers le château qu'il voyait au bout d'une grande avenue où il entra ; et, ce qui le surprit un peu, il vit que personne de ses gens ne l'avait pu suivre, parce que les arbres s'étaient rapprochés dès qu'il avait été passé. Il ne laissa pas de continuer son chemin : un prince jeune et amoureux est toujours vaillant. Il entra dans une grande avant-cour où tout ce qu'il vit d'abord était capable de le glacer de crainte : c'était un silence affreux, l'image de la mort s'y présentait partout, et ce n'était que des corps étendus d'hommes et d'animaux, qui paraissaient morts. Il reconnut pourtant bien au nez bourgeonné et à la face vermeille des

suisses qu'ils n'étaient qu'endormis, et leurs tasses, où il y avait encore quelques gouttes de vin, montraient assez qu'ils s'étaient endormis en buvant.

Il passe une grande cour pavée de marbre ; il monte l'escalier ; il entre dans la salle des gardes, qui étaient rangés en haie, la carabine sur l'épaule, et ronflant de leur mieux. Il traverse plusieurs chambres pleines de gentilshommes et de dames, dormant tous, les uns debout, les autres assis, il entre dans une chambre toute dorée, et il voit sur un lit, dont les rideaux étaient ouverts de tous côtés, le plus beau spectacle qu'il eût jamais vu : une princesse qui paraissait avoir quinze ou seize ans, et dont l'éclat resplendissant avait quelque chose de lumineux et de divin.

Il s'approcha en tremblant et en admirant, et se mit à genoux auprès d'elle. Alors, comme la fin de l'enchantement était venue, la princesse s'éveilla ; et le regardant avec des yeux plus tendres qu'une première vue ne semblait le permettre :

« Est-ce vous, mon prince ? lui dit-elle. Vous vous êtes bien fait attendre. »

Le prince, charmé de ces paroles, et plus encore de la manière dont elles étaient dites, ne savait comment lui témoigner sa joie et sa reconnaissance ; il l'assura qu'il l'aimait plus que lui-même. Ses discours furent mal rangés ; ils en plurent davantage : peu d'éloquence, beaucoup d'amour. Il était plus embarrassé qu'elle, et l'on ne doit pas s'en étonner : elle avait eu le temps de songer à ce qu'elle aurait à lui dire, car il y a apparence (l'histoire n'en dit pourtant rien) que la bonne fée, pendant un si long sommeil, lui avait procuré le plaisir des songes agréables. Enfin il y avait quatre heures qu'ils se parlaient, et ils ne s'étaient pas encore dit la moitié des choses qu'ils avaient à se dire.

Cependant tout le palais s'était réveillé avec la princesse, chacun songeait à faire sa charge, et comme ils n'étaient pas tous amoureux, ils mouraient de faim. La dame d'honneur, pressée comme les autres, s'impatienta, et dit tout haut à la princesse que la viande était servie.

Le prince aida la princesse à se relever ; elle était tout habillée et fort magnifiquement ; mais il se garda bien de lui dire qu'elle était habillée comme mère-grand, et qu'elle avait un collet monté[1] ; elle n'en était pas moins belle. Ils passèrent dans un salon de miroirs, et y soupèrent, servis par les officiers de la princesse. Les violons et les hautbois jouèrent de vieilles pièces, mais excellentes, quoiqu'il y eût près de cent ans qu'on ne les jouât plus ; et après souper, sans perdre de temps, le grand aumônier les maria dans la chapelle du château et la dame d'honneur leur tira le rideau ; ils dormirent peu, la princesse n'en avait pas grand besoin, et le prince la quitta dès le matin pour retourner à la ville, où son père devait être en peine de lui.

Le prince lui dit qu'en chassant il s'était perdu dans la forêt, et qu'il avait couché dans la hutte d'un charbonnier, qui lui avait fait manger du pain noir et du fromage. Le roi son père, qui était bon homme, le crut, mais sa mère n'en fut pas bien persuadée, et, voyant qu'il allait presque tous les jours à la chasse, et qu'il avait toujours une raison en main pour s'excuser quand il avait couché deux ou trois nuits dehors, elle ne douta plus qu'il n'eût quelque amourette : car il vécut avec la princesse plus de deux ans entiers et en eut deux enfants, dont le premier, qui fut une fille, fut nommée l'Aurore, et le second, un fils, qu'on nomma le Jour, parce qu'il paraissait encore plus beau que sa sœur.

La reine dit plusieurs fois à son fils, pour le faire s'expliquer, qu'il fallait se contenter dans la vie ; mais il n'osa jamais lui confier

1 Mode du temps de Henri IV, un siècle avant le récit des contes.

son secret ; il la craignait quoiqu'il l'aimât, car elle était de race ogresse, et le roi ne l'avait épousée qu'à cause de ses grands biens. On disait même tout bas à la cour qu'elle avait les inclinations des ogres et que, voyant passer de petits enfants, elle avait toutes les peines du monde à se retenir de se jeter sur eux, ainsi le prince ne voulut jamais rien dire. Mais quand le roi fut mort, ce qui arriva au bout de deux ans, et qu'il se vit le maître, il déclara publiquement son mariage, et alla en grande cérémonie chercher la reine, sa femme, dans son château. On lui fit une entrée magnifique dans la ville capitale, où elle entra au milieu de toute la cour. Quelque temps après, le roi alla faire la guerre à l'empereur Cantalabutte, son voisin. Il laissa la régence du royaume à la reine sa mère, et lui recommanda vivement sa femme et ses enfants : il devait être à la guerre tout l'été ; et dès qu'il fut parti, la reine mère envoya sa bru et ses enfants à une maison de campagne dans les bois, pour pouvoir plus aisément assouvir son horrible envie. Elle y alla quelques jours après, et dit un soir à son maître d'hôtel :

« Je veux manger demain à mon dîner la petite Aurore.

– Ah ! Madame... dit le maître d'hôtel.

– Je le veux, dit la reine (et elle le dit d'un ton d'ogresse qui a envie de manger de la chair fraîche), et je la veux manger à la sauce Robert[1]. »

Ce pauvre homme, voyant bien qu'il ne fallait pas se jouer d'une ogresse, prit son grand couteau, et monta à la chambre de la petite Aurore : elle avait pour lors quatre ans, et vint en sautant et riant se jeter à son cou, et lui demander du bonbon. Il se mit à pleurer, le couteau lui tomba des mains et il alla dans la basse-cour couper la gorge à un petit agneau, et il lui fit une si bonne sauce que sa maîtresse l'assura qu'elle n'avait jamais rien mangé de si bon.

1 Sauce inventée par un cuisinier nommé Robert, du temps de Louis XIV.

Il avait emporté en même temps la petite Aurore, et l'avait donnée à sa femme pour la cacher dans le logement qu'elle avait au fond de la basse-cour. Huit jours après, la méchante reine dit à son maître d'hôtel :

« Je veux manger à mon souper le petit Jour. »

Il ne répliqua pas, résolu de la tromper comme l'autre fois. Il alla chercher le petit Jour, et le trouva avec un petit fleuret à la main, dont il faisait des armes avec un gros singe : il n'avait pourtant que trois ans. Il le porta à sa femme, qui le cacha avec la petite Aurore, et donna à la place du petit Jour un petit chevreau fort tendre, que l'ogresse trouva admirablement bon.

Cela était fort bien allé jusque-là ; mais un soir cette méchante reine dit au maître d'hôtel :

« Je veux manger la reine à la même sauce que ses enfants. »

Ce fut alors que le pauvre maître d'hôtel désespéra de la pouvoir encore tromper. La jeune reine avait vingt ans passés, sans compter les cent ans qu'elle avait dormi : sa peau était un peu dure, quoique belle et blanche ; et le moyen de trouver dans la ménagerie une bête aussi dure que cela ? Il prit la résolution, pour sauver sa vie, de couper la gorge à la reine, et monta dans sa chambre, dans l'intention de n'en pas faire à deux fois ; il s'excitait à la fureur et entra, le poignard à la main, dans la chambre de la jeune reine. Il ne voulut pourtant point la surprendre, et il lui dit avec beaucoup de respect l'ordre qu'il avait reçu de la reine mère.

« Faites votre devoir, lui dit-elle, en lui tendant le col, exécutez l'ordre qu'on vous a donné ; j'irai revoir mes enfants, mes pauvres enfants que j'ai tant aimés. » Elle les croyait morts depuis qu'on les avait enlevés sans lui rien dire.

« Non, non, Madame, lui répondit le pauvre maître d'hôtel tout attendri, vous ne mourrez point, et vous pourrez revoir vos chers

enfants, mais ce sera chez moi, où je les ai cachés, et je tromperai encore la reine, en lui faisant manger une jeune biche en votre place. » Il la mena aussitôt à sa chambre, où, la laissant embrasser ses enfants et pleurer avec eux, il alla accommoder une biche, que la reine mangea à son souper, avec le même appétit que si c'eût été la jeune reine. Elle était bien contente de sa cruauté, et elle se préparait à dire au roi, à son retour, que les loups enragés avaient mangé la reine sa femme et ses deux enfants.

Un soir qu'elle rôdait comme d'habitude dans les cours et basses-cours du château pour y halener[1] quelque viande fraîche, elle entendit, dans une salle basse, le petit Jour qui pleurait, parce que la reine, sa mère, le voulait faire fouetter, parce qu'il avait été méchant, et elle entendit aussi la petite Aurore qui demandait pardon pour son frère. L'ogresse reconnut la voix de la reine et de ses enfants et, furieuse d'avoir été trompée, elle commande dès le lendemain au matin, avec une voix épouvantable qui faisait trembler tout le monde, qu'on apportât au milieu de la cour une grande cuve, qu'elle fit remplir de crapauds, de vipères, de couleuvres et de serpents, pour y faire jeter la reine et ses enfants, le maître d'hôtel, sa femme et sa servante : elle avait donné l'ordre de les amener les mains liées derrière le dos.

Ils étaient là, et les bourreaux se préparaient à les jeter dans la cuve, lorsque le roi, qu'on n'attendait pas si tôt, entra dans la cour à cheval ; il était venu en poste, et demanda, tout étonné, ce que voulait dire cet horrible spectacle ; personne n'osait l'en instruire, quand l'ogresse, enragée de voir ce qu'elle voyait, se jeta elle-même la tête la première dans la cuve, et fut dévorée en un instant par les vilaines bêtes qu'elle y avait fait mettre. Le roi ne put s'empêcher d'être fâché, car elle était sa mère ; mais il s'en consola bientôt avec sa belle femme et ses enfants.

1 Flairer.

Moralité

Attendre quelque temps pour avoir un époux,
Riche, bien fait, galant et doux,
La chose est assez naturelle ;
Mais l'attendre cent ans, et toujours en dormant,
On ne trouve plus de femelle
Qui dormît si tranquillement.
La fable semble encor vouloir nous faire entendre
Que souvent de l'hymen les agréables nœuds,
Pour être différés, n'en sont pas moins heureux,
Et qu'on ne perd rien pour attendre.
Mais le sexe, avec tant d'ardeur,
Aspire à la foi conjugale,
Que je n'ai pas la force ni le cœur
De lui prêcher cette morale.

LES FÉES

Il était une fois une veuve qui avait deux filles : l'aînée lui ressemblait si fort d'humeur et de visage que qui la voyait voyait la mère. Elles étaient toutes deux si désagréables et si orgueilleuses qu'on ne pouvait vivre avec elles. La cadette, qui était le vrai portrait de son père pour la douceur et l'honnêteté, était avec cela une des plus belles filles qu'on eût su voir.

Comme on aime naturellement son semblable, cette mère était folle de sa fille aînée et, en même temps, avait une aversion effroyable pour la cadette. Elle la faisait manger à la cuisine et travailler sans cesse.

Il fallait, entre autres choses, que cette pauvre enfant allât, deux fois le jour, puiser de l'eau à une grande demi-lieue du logis, et qu'elle en rapportât plein une grande cruche. Un jour qu'elle était à cette fontaine, il vint à elle une pauvre femme qui lui pria de lui donner à boire.

« Oui-da, ma bonne mère », dit cette belle fille ; et, rinçant aussitôt sa cruche, elle puisa de l'eau au plus bel endroit de la fontaine et la lui présenta, soutenant toujours la cruche, afin qu'elle bût plus aisément. La bonne femme, ayant bu, lui dit :

« Vous êtes si belle, si bonne et si honnête, que je ne puis m'empêcher de vous faire un don (car c'était une fée qui avait pris la forme d'une pauvre femme de village, pour voir jusqu'où irait l'honnêteté de cette jeune fille). Je vous donne pour don, poursuivit la fée, qu'à chaque parole que vous direz il vous sortira de la bouche ou une fleur, ou une pierre précieuse. »

Lorsque cette belle fille arriva au logis, sa mère la gronda de revenir si tard de la fontaine.

« Je vous demande pardon, ma mère, dit cette pauvre fille, d'avoir tardé si longtemps. »

Et, en disant ces mots, il lui sortit de la bouche deux roses, deux perles et deux gros diamants.

« Que vois-je là ! dit sa mère tout étonnée ; je crois qu'il lui sort de la bouche des perles et des diamants. D'où vient cela, ma fille ? »

(Ce fut là la première fois qu'elle l'appela sa fille.)

La pauvre enfant lui raconta naïvement tout ce qui lui était arrivé, non sans jeter une infinité de diamants.

« Vraiment, dit la mère, il faut que j'y envoie ma fille. Tenez, Fanchon, voyez ce qui sort de la bouche de votre sœur quand elle parle ; ne seriez-vous pas bien aise d'avoir le même don? Vous n'avez qu'à aller puiser de l'eau à la fontaine, et quand une pauvre femme vous demandera à boire, lui en donner bien honnêtement.

– Il me ferait beau voir, répondit la brutale, aller à la fontaine !

– Je veux que vous y alliez, reprit la mère, et tout à l'heure. »

Elle y alla, mais toujours en grondant. Elle prit le plus beau flacon d'argent qui fût au logis. Elle ne fut pas plus tôt arrivée à la fontaine qu'elle vit sortir du bois une dame magnifiquement vêtue, qui vint lui demander à boire. C'était la même fée qui avait apparu à sa sœur, mais qui avait pris l'air et les habits d'une princesse, pour voir jusqu'où irait la malhonnêteté de cette fille.

« Est-ce que je suis ici venue, lui dit cette brutale orgueilleuse, pour vous donner à boire? Justement, j'ai apporté un flacon d'argent tout exprès pour donner à boire à madame ? J'en suis d'avis: buvez à même si vous voulez.

– Vous n'êtes guère honnête, reprit la fée, sans se mettre en colère. Eh bien! puisque vous êtes si peu obligeante, je vous

donne pour don qu'à chaque parole que vous direz il vous sortira de la bouche ou un serpent, ou un crapaud. »
D'abord que sa mère l'aperçut, elle lui cria :
« Eh bien ! ma fille ?
– Eh bien ! ma mère ? lui répondit la brutale, en jetant deux vipères et deux crapauds.
– Ô ciel ! s'écria la mère, que vois-je là ? C'est sa sœur qui est en cause : elle me le paiera. »
Et aussitôt elle courut pour la battre. La pauvre enfant s'enfuit et alla se sauver dans la forêt prochaine. Le fils du roi, qui revenait de la chasse, la rencontra et, la voyant si belle, lui demanda ce qu'elle faisait là toute seule et ce qu'elle avait à pleurer !
« Hélas ! Monsieur, c'est ma mère qui m'a chassée du logis. »
Le fils du roi, qui vit sortir de sa bouche cinq ou six perles et autant de diamants, la pria de lui dire d'où cela lui venait. Elle lui conta toute son aventure. Le fils du roi en devint amoureux ; et, considérant qu'un tel don valait mieux que tout ce qu'on pouvait donner en mariage à une autre, l'emmena au palais du roi son père, où il l'épousa.
Pour sa sœur, elle se fit tant haïr que sa propre mère la chassa de chez elle ; et la malheureuse, après avoir bien couru sans trouver personne qui voulut la recevoir, alla mourir au coin d'un bois.

Moralité

Les diamants et les pistoles
Peuvent beaucoup sur les esprits ;
Cependant les douces paroles
Ont encor plus de force, et sont d'un plus grand prix.

Autre moralité

L'honnêteté coûte des soins,
Elle veut un peu de complaisance ;
Mais tôt ou tard elle a sa récompense,
Et souvent dans le temps qu'on y pense le moins.

Riquet à la houppe

Il était une fois une reine qui accoucha d'un fils si laid et si mal fait qu'on douta longtemps s'il avait forme humaine. Une fée qui se trouva à sa naissance assura qu'il ne laisserait pas d'être aimable, parce qu'il aurait beaucoup d'esprit ; elle ajouta même qu'il pourrait, en vertu du don qu'elle venait de lui faire, donner autant d'esprit qu'il en aurait à la personne qu'il aimerait le mieux. Tout cela consola un peu la pauvre reine, qui était bien affligée d'avoir mis au monde un si vilain marmot. Il est vrai que cet enfant ne commença pas plus tôt à parler qu'il dit mille jolies choses, et qu'il avait dans toutes ses actions je ne sais quoi de si spirituel qu'on en était charmé. J'oubliais de dire qu'il vint au monde avec une petite houppe de cheveux sur la tête, ce qui fit qu'on le nomma Riquet à la houppe, car Riquet était le nom de la famille.

Au bout de sept ou huit ans, la reine d'un royaume voisin accoucha de deux filles. La première qui vint au monde était plus belle que le jour : la reine en fut si aise qu'on appréhenda que la trop grande joie qu'elle en avait ne lui fît mal. La même fée qui avait assisté à la naissance du petit Riquet à la houppe était présente, et, pour modérer la joie de la reine, elle lui déclara que cette petite princesse n'aurait point d'esprit, et qu'elle serait aussi stupide qu'elle était belle. Cela mortifia beaucoup la reine ; mais elle eut, quelques moments après, un bien plus grand chagrin, car la seconde fille dont elle accoucha se trouva extrêmement laide.

« Ne vous affligez point tant, Madame, lui dit la fée, votre fille sera récompensée d'ailleurs, et elle aura tant d'esprit qu'on ne s'aper-

cevra presque pas qu'il lui manque de la beauté.
– Dieu le veuille, répondit la reine, mais n'y aurait-il point moyen de faire avoir un peu d'esprit à l'aînée qui est si belle ?
– Je ne puis rien pour elle, Madame, du côté de l'esprit, lui dit la fée, mais je puis tout du côté de la beauté ; et comme il n'y a rien que je ne veuille faire pour votre satisfaction, je vais lui donner pour don de pouvoir rendre beau qui lui plaira. »
À mesure que ces deux princesses devinrent grandes, leurs perfections crûrent aussi avec elles, et on ne parlait partout que de la beauté de l'aînée, et de l'esprit de la cadette. Il est vrai aussi que leurs défauts augmentèrent beaucoup avec l'âge. La cadette enlaidissait à vue d'œil, et l'aînée devenait plus stupide de jour en jour : ou elle ne répondait rien à ce qu'on lui demandait, ou elle disait une sottise. Elle était avec cela si maladroite qu'elle n'eût pu ranger quatre porcelaines sur le bord d'une cheminée sans en casser une, ni boire un verre d'eau sans en répandre la moitié sur ses habits. Quoique la beauté soit un grand avantage chez une jeune femme, cependant la cadette l'emportait presque toujours sur son aînée dans toutes les soirées. D'abord on allait du côté de la plus belle pour la voir et pour l'admirer, mais bientôt après on allait à celle qui avait le plus d'esprit, pour lui entendre dire mille choses agréables, et on était étonné qu'en moins d'un quart d'heure l'aînée n'avait plus personne auprès d'elle, et que tout le monde s'était rangé autour de la cadette. L'aînée, quoique fort stupide, le remarqua bien, et elle eût donné sans regret toute sa beauté pour avoir la moitié de l'esprit de sa sœur. La reine, toute sage qu'elle était, ne put s'empêcher de lui reprocher plusieurs fois sa bêtise, ce qui pensa faire mourir de douleur cette pauvre princesse.

Un jour qu'elle s'était retirée dans un bois pour y plaindre son malheur, elle vit venir à elle un petit homme fort laid et fort désa-

gréable, mais vêtu très magnifiquement. C'était le jeune prince Riquet à la houppe qui, étant devenu amoureux d'elle sur ses portraits qui circulaient par tout le monde, avait quitté le royaume de son père pour avoir le plaisir de la voir et de lui parler.

Ravi de la rencontrer ainsi toute seule, il l'aborde avec tout le respect et toute la politesse imaginables. Ayant remarqué, après lui avoir fait les compliments ordinaires, qu'elle était fort mélancolique, il lui dit :

« Je ne comprends point, Madame, comment une personne aussi belle que vous l'êtes peut être aussi triste que vous le paraissez ; car, quoique je puisse me vanter d'avoir vu une infinité de belles dames, je puis dire que je n'en ai jamais vues dont la beauté approche de la vôtre.

– Cela vous plaît à dire, Monsieur », lui répondit la princesse ; et elle en demeura là.

« La beauté, reprit Riquet à la houppe, est un si grand avantage qu'il doit tenir lieu de tout le reste ; et, quand on le possède, je ne vois pas qu'il y ait rien qui puisse nous affliger beaucoup.

– J'aimerais mieux, dit la princesse, être aussi laide que vous, et avoir de l'esprit, que d'avoir de la beauté comme j'en ai, et être bête autant que je le suis.

– Il n'y a rien, Madame, qui marque davantage qu'on a de l'esprit que de croire n'en pas avoir, et il est de la nature de ce bien-là que, plus on en a, plus on croit en manquer.

– Je ne sais pas cela, dit la princesse, mais je sais bien que je suis fort bête, et c'est de là que vient le chagrin qui me tue.

– Si ce n'est que cela, Madame, qui vous afflige, je puis aisément mettre fin à votre douleur.

– Et comment ferez-vous ? dit la princesse.

– J'ai le pouvoir, Madame, dit Riquet à la houppe, de donner de

l'esprit autant qu'on en saurait avoir à celle que je dois aimer le plus ; et comme vous êtes, Madame, celle-là, il n'en tiendra qu'à vous que vous n'ayez autant d'esprit qu'on en peut avoir, pourvu que vous vouliez bien m'épouser. »

La princesse demeura tout interdite, et ne répondit rien.

« Je vois, reprit Riquet à la houppe, que cette proposition vous fait de la peine, et je ne m'en étonne pas ; mais je vous donne un an tout entier pour vous y résoudre. »

La princesse avait si peu d'esprit, et en même temps une si grande envie d'en avoir, qu'elle s'imagina que la fin de cette année ne viendrait jamais ; de sorte qu'elle accepta la proposition qui lui était faite. Elle n'eut pas plus tôt promis à Riquet à la houppe qu'elle l'épouserait dans un an à pareil jour qu'elle se sentit tout autre qu'elle était auparavant : elle se trouva une facilité incroyable à dire tout ce qui lui plaisait, et à le dire d'une manière fine, aisée et naturelle. Elle commença dès ce moment une conversation galante et soutenue avec Riquet à la houppe, où elle brilla d'une telle force que Riquet à la houppe crut lui avoir donné plus d'esprit qu'il ne s'en était réservé pour lui-même.

Quand elle fut retournée au palais, toute la cour ne savait que penser d'un changement si subit et si extraordinaire, car autant qu'on lui avait entendu dire d'impertinences auparavant, autant lui entendait-on dire des choses bien sensées et infiniment spirituelles. Toute la cour en eut une joie qui ne peut s'imaginer ; il n'y eut que sa cadette qui n'en fut pas bien aise, parce que, n'ayant plus sur son aînée l'avantage de l'esprit, elle ne paraissait plus auprès d'elle qu'une guenon fort désagréable. Le roi se conduisait selon ses avis, et allait même quelquefois tenir le conseil dans son appartement. Le bruit de ce changement s'étant répandu, tous les jeunes princes des royaumes voisins firent grands

efforts pour s'en faire aimer, et presque tous la demandèrent en mariage ; mais elle n'en trouvait point qui eût assez d'esprit, et elle les écoutait tous sans s'engager avec l'un d'eux. Cependant il en vint un si puissant, si riche, si spirituel et si bien fait qu'elle ne put s'empêcher d'avoir de la bonne volonté pour lui. Son père, s'en étant aperçu, lui dit qu'il la faisait la maîtresse sur le choix d'un époux, et qu'elle n'avait qu'à se déclarer. Comme plus on a d'esprit et plus on a de peine à prendre une ferme résolution sur cette affaire, elle demanda, après avoir remercié son père, qu'il lui donnât du temps pour y penser.

Elle alla par hasard se promener dans le même bois où elle avait trouvé Riquet à la houppe, pour rêver plus commodément à ce qu'elle avait à faire. Dans le temps qu'elle se promenait, rêvant profondément, elle entendit un bruit sourd sous ses pieds, comme de plusieurs gens qui vont et viennent et qui agissent. Ayant prêté l'oreille plus attentivement, elle entendit que l'un disait :

« Apporte-moi cette marmite ;

l'autre :

– Donne-moi cette chaudière ;

l'autre :

– Mets du bois dans ce feu. »

La terre s'ouvrit dans le même temps, et elle vit sous ses pieds comme une grande cuisine pleine de cuisiniers, de marmitons et de toutes sortes d'officiers nécessaires pour faire un festin magnifique. Il en sortit une bande de vingt à trente rôtisseurs, qui allèrent se camper dans une allée du bois autour d'une table fort longue, et qui tous, la lardoire à la main, et la queue de renard[1] sur l'oreille, se mirent à travailler en cadence au son d'une chanson harmonieuse. La princesse, étonnée de ce spectacle, leur demanda pour qui ils travaillaient.

1 Les cuisiniers élégants se coiffaient de la peau de quelque animal, dont ils laissaient pendre la queue.

« C'est, Madame, lui répondit le plus apparent de la bande, pour le prince Riquet à la houppe, dont les noces se feront demain. »
La princesse, encore plus surprise qu'elle ne l'avait été, et se ressouvenant tout à coup qu'il y avait un an qu'à pareil jour elle avait promis d'épouser le prince Riquet à la houppe, pensa tomber de son haut. Ce qui faisait qu'elle ne s'en souvenait pas, c'est que, quand elle fit cette promesse, elle était bête, et qu'en prenant le nouvel esprit que le prince lui avait donné elle avait oublié toutes ses sottises. Elle n'eut pas fait trente pas, en continuant sa promenade, que Riquet à la houppe se présenta à elle, brave, magnifique, et comme un prince qui va se marier.
« Vous me voyez, dit-il, Madame, exact à tenir ma parole, et je ne doute point que vous ne veniez ici pour exécuter la vôtre, et me rendre, en me donnant la main, le plus heureux de tous les hommes.
– Je vous avouerai franchement, répondit la princesse, que je n'ai pas encore pris ma décision là-dessus, et que je ne crois pas pouvoir jamais la prendre comme vous la souhaitez.
– Vous m'étonnez, Madame, lui dit Riquet à la houppe.
– Je le crois, dit la princesse, et assurément, si j'avais affaire à un brutal, à un homme sans esprit, je me trouverais bien embarrassée. Une princesse n'a que sa parole, me dirait-il, et il faut que vous m'épousiez, puisque vous me l'avez promis ; mais comme celui à qui je parle est l'homme du monde qui a le plus d'esprit, je suis sûre qu'il entendra raison. Vous savez que, quand j'étais bête, je ne pouvais néanmoins me résoudre à vous épouser ; comment voulez-vous qu'ayant l'esprit que vous m'avez donné, qui me rend encore plus difficile en gens que je n'étais, je prenne aujourd'hui une décision que je n'ai pu prendre dans ce temps-là ? Si vous pensiez tout de bon à m'épouser, vous avez eu grand tort

de m'ôter ma bêtise, et de me faire voir plus clair que je ne voyais.
– Si un homme sans esprit, répondit Riquet à la houppe, serait bien reçu, comme vous venez de le dire, à vous reprocher votre manque de parole, pourquoi voulez-vous, Madame, que je n'en use pas de même, dans une chose où il y va de tout le bonheur de ma vie ? Est-il raisonnable que ceux qui ont de l'esprit soient d'une pire condition que ceux qui n'en ont pas ? Pouvez-vous le prétendre, vous qui en avez tant, et qui avez tant souhaité d'en avoir ? Mais venons au fait, s'il vous plaît : à la réserve de ma laideur, y a-t-il quelque chose en moi qui vous déplaise ? Êtes-vous mal contente de ma naissance, de mon esprit, de mon humeur et de mes manières ?

– Nullement, répondit la princesse, j'aime en vous tout ce que vous venez de me dire.

– Si cela est ainsi, reprit Riquet à la houppe, je vais être heureux, puisque vous pouvez me rendre le plus aimable de tous les hommes.

– Comment cela se peut-il ? lui dit la princesse.

– Cela se fera, répondit Riquet à la houppe, si vous m'aimez assez pour souhaiter que cela soit ; et afin, Madame, que vous n'en doutiez pas, sachez que la même fée qui, au jour de ma naissance, me fit le don de pouvoir rendre spirituelle qui me plairait, vous a aussi fait le don de pouvoir rendre beau celui que vous aimerez, et à qui vous voudrez bien faire cette faveur.

– Si la chose est ainsi, dit la princesse, je souhaite de tout mon cœur que vous deveniez le prince du monde le plus beau et le plus aimable ; et je vous en fais le don autant qu'il m'est possible. »

La princesse n'eut pas plus tôt prononcé ces paroles que Riquet à la houppe parut à ses yeux l'homme du monde

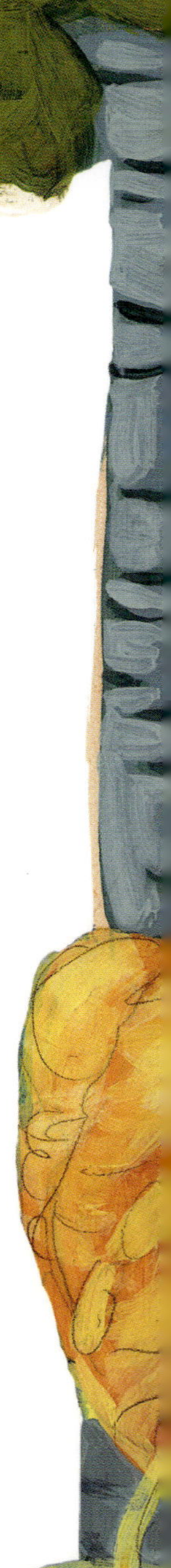

le plus beau, le mieux fait, et le plus aimable qu'elle eût jamais vu. Quelques-uns assurent que ce ne furent point les charmes de la fée qui opérèrent, mais que l'amour seul fit cette métamorphose. Ils disent que la princesse ayant fait réflexion sur la persévérance de son amant, sur sa discrétion, et sur toutes les bonnes qualités de son âme et de son esprit, ne vit plus la difformité de son corps, ni la laideur de son visage, que sa bosse ne lui sembla plus que le bon air d'un homme qui fait le gros dos ; et qu'au lieu que jusqu'alors elle l'avait vu boiter effroyablement, elle ne lui trouva plus qu'un certain air penché qui la charmait ; ils disent encore que ses yeux, qui étaient louches, ne lui en parurent que plus brillants, que leur dérèglement passa dans son esprit pour la marque d'un violent excès d'amour, et qu'enfin son gros nez rouge eut pour elle quelque chose de martial et d'héroïque.

Quoi qu'il en soit, la princesse lui promit sur-le-champ de l'épouser, pourvu qu'il en obtînt le consentement du roi son père. Le roi, ayant su que sa fille avait beaucoup d'estime pour Riquet à la houppe, qu'il connaissait d'ailleurs pour un prince très spirituel et très sage, le reçut avec plaisir pour son gendre. Dès le lendemain, les noces furent faites, ainsi que Riquet à la houppe l'avait prévu, et selon les ordres qu'il en avait donnés longtemps auparavant.

Moralité

Ce que l'on voit dans cet écrit
Est moins un conte en l'air que la vérité même.
Tout est beau dans ce que l'on aime,
Tout ce qu'on aime a de l'esprit.

Autre moralité

Dans un objet où la nature
Aura mis de beaux traits, et la vive peinture
D'un teint où jamais l'art ne saurait arriver,
Tous ces dons pourront moins, pour rendre un cœur sensible,
Qu'un seul agrément invisible
Que l'amour y fera trouver.

Retrouve dans la collection

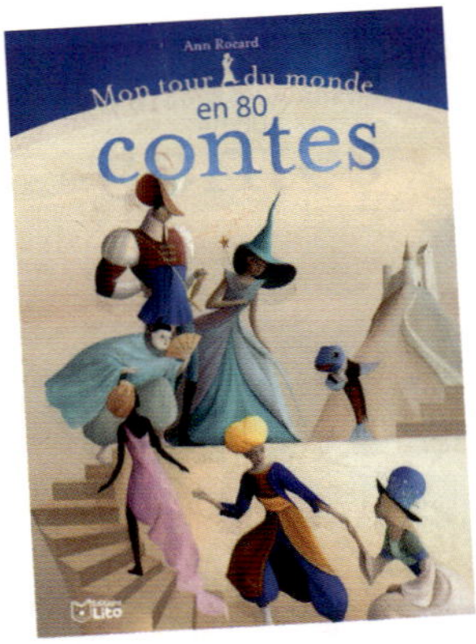

© Lito, 2017
ISBN 978-2-244-41866-7

www.editionslito.com

Lito
41, rue de Verdun 94500 Champigny-sur-Marne
Imprimé en UE
Loi n° 49-956 du 16 juillet 1949 sur les publications destinées à la jeunesse
Dépôt légal : juin 2017